軌道馬車そぞろ歩き

町と人、歴史をめぐる追憶の旅

川嶌柳三

22世紀アート

目次

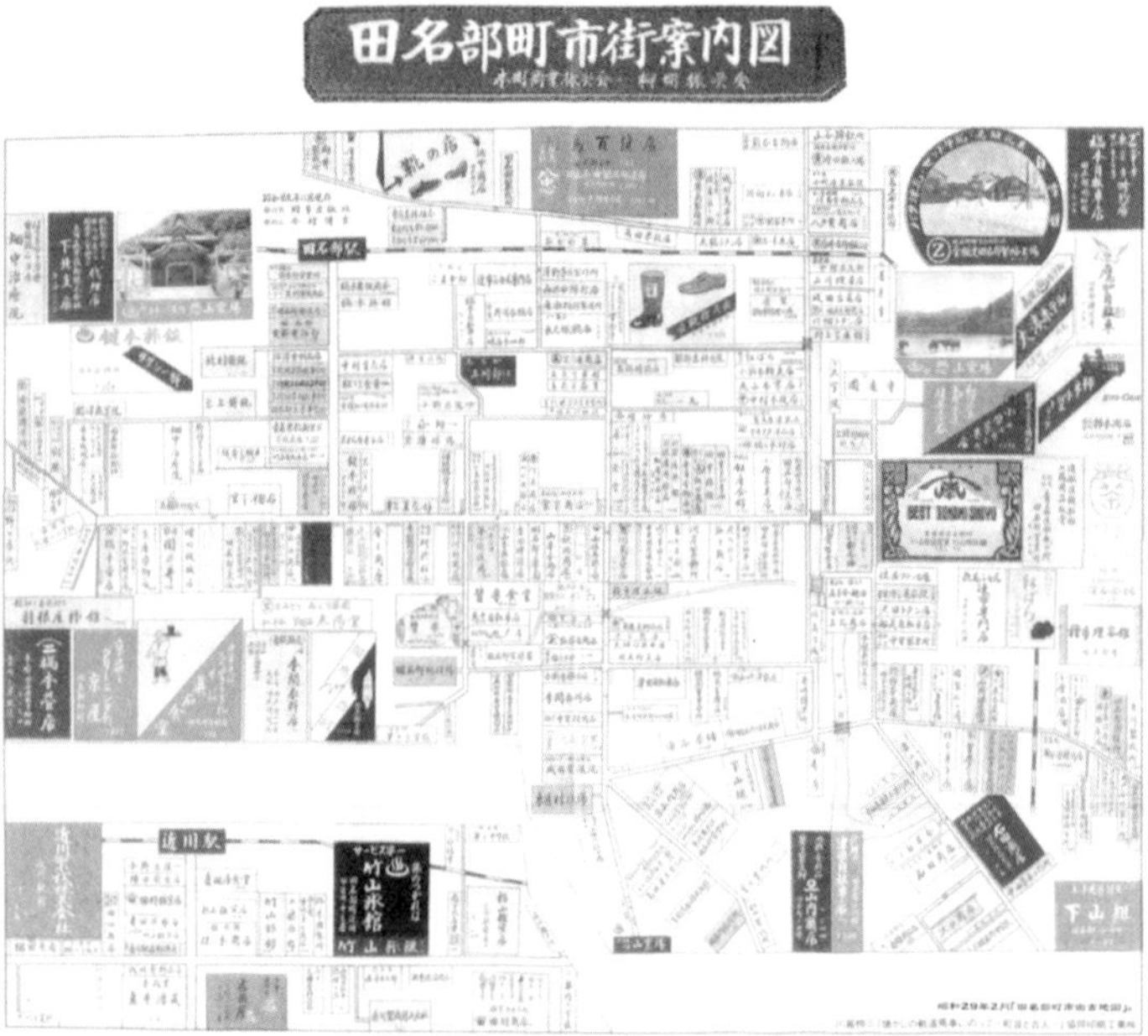
田名部町市街案内図
田名部駅
竹山旅館

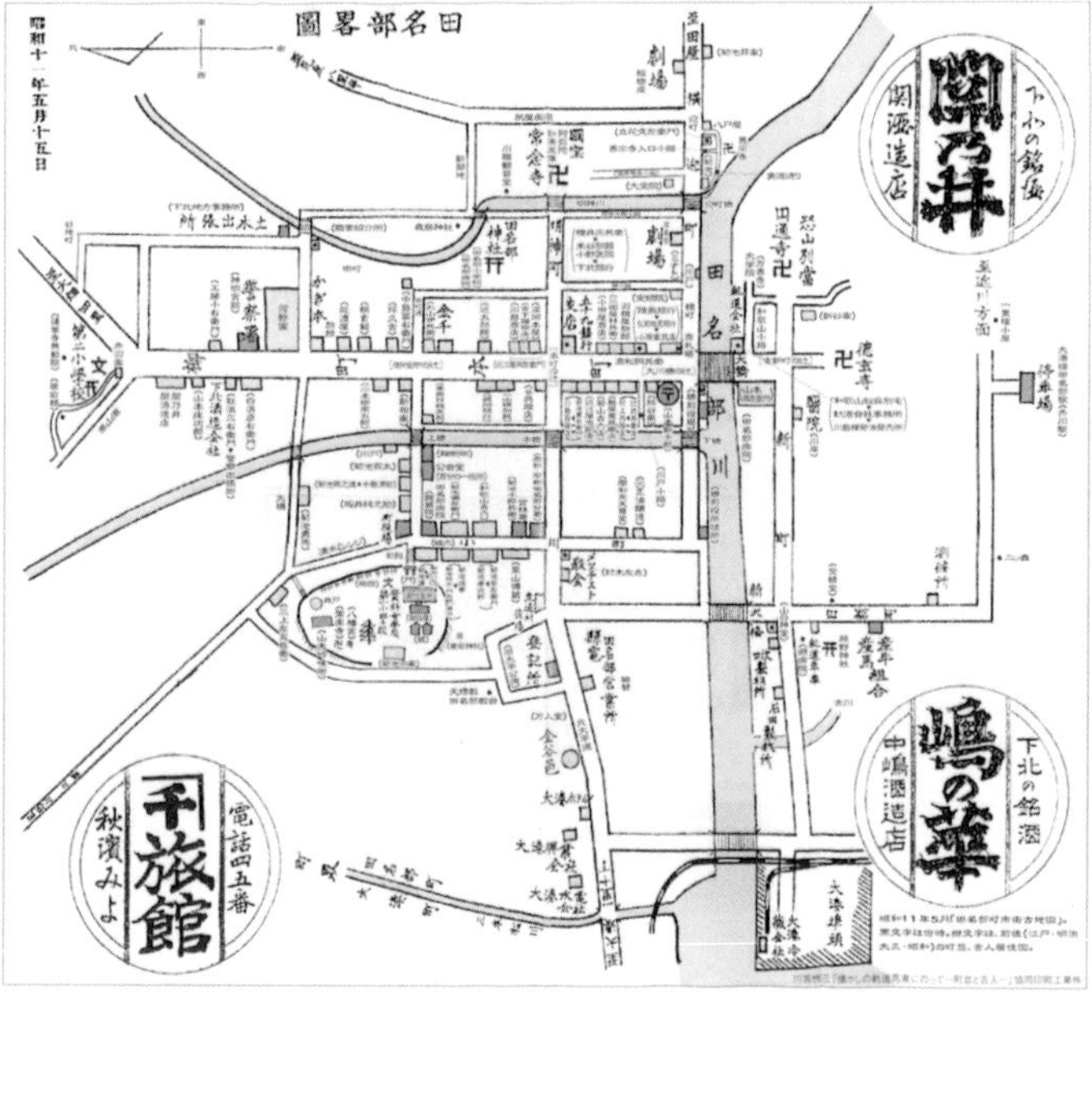
田名部略圖
昭和十一年五月十五日
下北の銘酒
関乃井
関酒造店
下北の銘酒
嶋の華
中嶋酒造店
電話四五番
旅館
秋濱みよ
劇場
常念寺
神社
警察署
田名部川
徳玄寺
恐山別當
待車場

まえがき

釜臥山と田名部川

大川の細波に映えるお山（釜臥）の美しい貴い姿と、敬愛する古人を追憶して、生れ育った町並を今一度漫《そぞ》ろ歩きしてみたいと思います。代官所役人、町役人、豪商、社寺、古蹟等に就いても少し触れてみます。

私は、今米寿を迎えるに当り、古里が無性に懐かしいやら、愛しいと思う様になりました。取り分け、子供時代には格別な思いがあります。そして、その風景に浮かぶのはやはり軌道馬車《きどうばしゃ》。私だけでなく、古い田名部衆の殆どの方が、昔日の町中に馬で走る乗り物を、一番に記憶に留めているのではないでしょうか。馬の息遣いと、蹄《ひづめ》の音も。

大川橋の欄干に凭《もた》れ掛かり、幾万年の田名部川の永劫の流れに、想念を江戸の昔に馳せ、古人を追憶する事にします。

道順

軌道馬車は、大正十年（一九二一）九月二十五日、大湊線田名部駅開業と同時に運行され、初代社長は、二本柳常五郎さんでした。

第一小学校前を始発にして、大湊線の田名部駅（現赤川駅）迄の約一里の行程で、運賃は片道三十銭でした。

この馬車に乗って、見えない範囲迄見た事として、車窓に映える田名部の町並みと古人を、暫しの間、平成から遠い江戸期迄に遡って、今昔語りしてみようと思います。

又、附録として、昭和十一年（一九三六）と昭和二十九年（一九五四）の「田名部市街古地図」を添付し、本篇の町並みを再現致しましたので、併せてご覧下さいませ。

柳町出発・地蔵町

始発は第一小学校前。坂の下の正面には、赤羽家が建っていて、右は谷地町方面。左に、栗山道と赤羽家の間に農道があって、元々この坂の上には、お不動様と「愛宕様」と呼ばれる社《やしろ》があったのです。しかし、明治の頃、既に愛宕様は社跡共に不明となっておりました（愛宕様の御本尊は地蔵様）。

昭和二年三月、第二小学校（建築時は、古舘本校を第一校舎と呼んだ。従って、新校舎は第二小学校として建築した）新築の際、正面を学校通路とする為、赤羽家を農道側に移しました。その時、この赤羽家の裏庭に、古い小さな祠の一部がある事が分かりました。

昔、何処かの行者が、毎年赤羽家に四～五日も滞在しては、このお堂を祭っておりました。当初、もっと上の農道の中間にあったものを、行者の進言で庭に移したと言います。これが愛宕様のものであるのか詳《つまび》らかではありません。地蔵町の地名は、愛宕宮の御本尊に因ると言われます。

始発地の背後の高台は、昔、天台宗大悲山・蓮華寺無動院があった所です。天台宗良念上人が、宝永八年（一七一一）正月、開山。寺領は、御代官所役人・柳町白浜彦右衛門寄進、元禄年中焼失。安永九年（一七八〇）、廃寺、常念寺預り。明治七年（一八七四）八月五日、什器類は常念寺に移す、となっています。

北柳町

出発間もなく右手に、関酒造店。現当主關實氏は、八代目か九代目の老舗。江戸期、麹屋兼濁酒屋をしていましたが、明治四十四年二月、関酒造店を創業。濁酒は夏場は商いにならないからと、昭和六年から清酒醸造を始めます。

清酒が出来上ると、軒先に、杉の三尺位の丸い球型を作り、吊しました。それを見ると左党は、「香り良い新酒を味わえる」とニンマリ顔になったものです。この杉玉は「酒林」と言い、酒屋の看板で、新酒が出来た目印（奈良三輪山大神《おおみわ》神社が酒の神様で、杉が御神体である事から）なのです。

関酒造店の一軒置いた南隣りが、本山本庄次郎さん。宝暦九年（一七五九）、南部藩に依って田名部より産出する外浜昆布の買上げ・販売に就いての御用勤中は、山本理左衛門と共に、帯刀して名字を名乗る様に仰せ付かっています。

二〜三軒置いて駐車場になっている所に、昭和十年前後は、下北酒造会社がありました。本社長河野栄蔵、酒名「二和鶴」。元は、赤井屋・秋浜三右衛門と言う御給人の家でした。本人は本町の千の所に住んで商いをしていた方で、秋浜巻の本家に当る方です。江戸期の田名部の名立る豪商で、津軽藩にもお金を融通していた程です。又、菩提寺の御本尊を御寄進した方です。

明治八年（一八七五）四月二十七日、この赤井屋さんを借りて、六大区警察出張所が置かれました。そして明治九年（一八七六）六月、すじ向いの神明宮跡に新築するまでの一年二ヶ月、人民保護の事務を取扱いました。神明宮社地は明渡し、御神体は、高台不動尊宮へ御遷座合祀しました。

警察は、明治十一年（一八七八）五月、分署となり、十二年四月一日、野辺地から独立し、「田名部警察署」となったのです。二階建半鐘望楼付でした。昭和四十五年（一九六九）、中央町に移転し、跡地に下北信用金庫（現「青い森信用金庫」）の六階高層社屋が建ちました。

警察署の手前（下北酒造の向い）は、通称「古検《ふるけん》（古い検断の意）」事、検断職・工藤小右衛門宅。嘉永・安政、及び元治・慶應期の二度に亘り、御町役を勤めた家。誰言うとなく「①古検」で通って来ました。陸奥湾汽船会社の支配人・工藤小六は、孫に当ります。明治三十年代後半、田名部で歌留多（百人一首）遊びが流行した際、その札書の名手と謳われた仮名文字書きの達人でした。

南柳町

警察署の隣は、父子三代県議会議員をした河野家。三代目の河野幸蔵氏が、むつ市の二代目の市長でした。後《のち》のジョルノビル、今は更地となっています。

左手に、鍵本ハイヤーとの間から旧国鉄田名部駅に向う道路、及び中間のむつ松木屋（元田名部土木事務所）から第一小学校下迄、及びむつショッピングセンター跡から常念寺通り迄の道路は、大畑線開通を見込んでの新規の都市計画路線で、昭和九年（一九三四）の建設でした。

大畑線開通は、昭和十四年（一九三九）十二月六日でした。開通した鉄道は、終点大畑止りでした。時あたかも支那事変最中、遠路赤川の田名部駅迄出向いての出征兵士見送りも、町中で出来る様になり、盛大な送り出し風景が見られたものでした。大畑線の駅名は「本田名部駅」でした。

昭和十三年（一九三八）二月、下北交通バスターミナルの場所に国立として職業紹介所が出来、向いのむつ松木屋の所に、昭和十七年（一九四二）七月、下北地方事務所が建てられました。

南柳町

さて、軌道路線に戻って、角が、かぎもと旅館です。お隣家が、幕末期町役の検断・宿老職等をした能渡屋・米谷四郎治さん宅。隣りが、医師の槙玄範家。その隣りは、大正・昭和期、田名部で、人力車・乗合自動車・自転車・印刷機・蓄音機・掛時計・金庫・楽器等を移入した、文明人として名高い坪久吉氏宅（坪眼鏡店）。その向いが、今のみちのく銀行・

青森県信用組合のある所は、軌道会社初代社長の二本柳常五郎さん宅でした。

西側南端、御官所通り曲り角に、江戸期に新相《にあい》と言う豪商がおりました。持地を寄進して建ったのが、迎町の「善宗寺《ぜんそうじ》」と言われています。寛永二十年（一六四三）の事です。寛政四年（一九七二）、新相家に、菅江眞澄も泊ったと記録しています。

御役所辻

馬車は進み、最初の辻が、柳町・本町・田町・城内を分ける十字路。右折すれば御官所です。御官所に就いては、後程述べます。取敢ず右折して、上橋の手前の、本町西側北端の角に、東奥日報支局がありました。

田町通

御役所辻に戻って左折して（この小路三間二尺「田町へ至ル」元禄三年改御道帳）、御給人・中島冨右衛門公世屋敷と、明神様裏手に入ります。

今の田名部神社の裏側、下北バス会社、むつ松木屋から第一田名部小学校下迄の一帯は、田甫でした。中島家の耕作地で、田を作る人の住む住居が町並を形成していたので、「田町」と呼んだと言われています。中島冨右衛門は菅江眞澄と交友があり、度々訪問した眞澄と詩歌の交換をしております。

中島家の向いが、明神宮の北側、現在の本殿のある辺りです。私達の小さい頃は、まだ弓の射場がありました。

明治六年（一八七三）七月、新学制に依って、田名部小学校は、旧代官所を校舎に充て開校した後、明治七年八月二十六日、田名部明神宮境内に新校舎を新築して移りました。生徒数は百十人程で、女生徒は至って少なく二十名足らずであったと言います。明治十五年十二月には、小川町に移転しています。

尚、明治二十三年（一八九〇）の大火で、本町大川沿いにあった田名部病院が類焼した為、郷社の裏側に二階建ての病院を新築して移りました。しかし、同建物も亦、明治二十九年（一八九六）五月の大火に再び類焼して、一時常念寺に立ち退きましたが、翌、明治三十年七月十三日、小川町二十三番地、御給人・菊池儀左衛門屋敷に三度目の移転をしました。これが皆さん記憶の、城内の田名部病院の初めです。

北本町

本町に入ります。左には、現在の小島商店の場所。明治初めまでは御給人・(山)丸山伊兵衛店です。明治十九年（一八八六）七月一日、この店舗に「小林区《しょうりんく》（営林署）」が入ります。小林区は、明治二十三年の大火で移転を余儀なくされ、迎町の関商店から百米位尻屋街道東へ移転しました。しかし、この近くに常念寺の火葬場があって、その悪臭に堪えられず、程なく郷社の裏側に移りました。後《のち》、営林署は明治四十四年（一九一一）、城内（小川町）に新築移転しました。

御役所辻から、右手四十米程進んで、鉄筋の二階建風一階建、電動開閉自動扉と言う、当時は珍しい盛岡銀行田名部支店です。ここが明治中期、未だ空き地の時、馬の糶《せり》市が行われた事もありました。

又、本町辻角の山佐呉服店が、山崎卯之助・佐賀平之丞両氏に依る共同出資の呉服店開業前の空き地の時も、馬の糶市が行われたと言う事です。屋号のは、山崎と佐賀の「山」と「佐」からとっています。

この盛岡銀行の南隣りが、有名な木造三階建、「山理旅館」。経営者山本理十郎氏。東奥日報社長山本栄一氏の生家。山本理左衛門一族です。かの有名な明治の文豪幸田露伴も、明治二十五年（一八九二）七月、恐山に登る途次利用しています。昭和五十六年（一九八一）、盛岡銀行の建物と共に、この三階の木造の建物が惜しまれて姿を消しました。

その向い側、忠⃝川島商店から旧宮下履物店、佐々木薬店（波岡本屋）の三軒、合せて間口十八間の、大豪商・御給人・川嶌與左衛門事、印近江屋與左衛門俊蔵店です。山本理左衛門の新町の店が、間口二十五間ありました。これに次いで、本町で間口十八間もの店構えをしていたと言う商人は、未だ聞いた事がありません。

この忠⃝商店の土地こそ、大屋近与が遠く滋賀近江舟木より遥々下り来て、田名部の地で商いした最初の地です。元禄時代より明治の大火迄、その後は一族の忠さんに依って、三百十年もの永い間引き継がれて来ました。忠とは川島姓で、映画監督の川島雄三出生の家です。

この川嶌與左衛門が、田名部に下り、初めて宿ったのが本町大屋・佐藤庄左衛門方と記しています。時に元禄十年（一六九七）でした。江戸期を通じて田名部通り商人として、名を馳せた方、屋敷地は何処と詮索しましたが不明でした。この七年前に改めた本町道帳（代官所）にも、見当りませんでした。

本町辻

十字路です。田名部祭り最終日、五町屋台山車組に依る「五車別れ」が行われる辻です。右は大平道、左が明神町、「田名部神社」があります。

明神町（田名部神社）

田名部大明神は、明治九年（一八七六）十二月一日、田名部明神と舘八幡が合祀《ごうし》されて（『郷社田名部神社』）おります。昔から田名部衆にとっては、「明神様」と親しまれた鎮守の神様でした。古くは舞殿の辺りが社で西向きでしたが、文化か文政の頃、現在の南向きに遷座されています。

又、境内にあった「山の神堂」の小祀は、御勘定頭・松田松左衛門、坂牛治左衛門の発願主にて、新町川端へ新築、御代官初め町役・杣夫迄列席して遷宮しました。文化七年（一八一〇）六月十五日の初夏の事でした。

明神様に就いて、『田名部町誌』等に基づいて書いてみましょう。昔、大平の荒川の奥の一本松に鎮座してあった神を、小笠原氏の祖先が、現在地に遷宮したと言われます。寛政十一年（一七九九）十月二十六日、示現太郎の神名の吉田綸旨があります。この示現太郎大明神が、味耜高彦根命であります。

又、明治の神仏分離令に依って、「八幡神宮常楽寺」の八幡宮と、明神宮が合祀される事になりました。一旦は、明神様が古御舘《ふるおんだて》の高台にある八幡宮に合祀になりましたが、その社殿が狭隘の為、現在地（明神町）に復社鎮座と決まりました。文化七年、新町川端に移っていた山の神堂も、元の地の明神町にお遷りになりました。

田名部神社は、左記の御三神をお祀りしているお社です。

　味　耜　高　彦　根　命

　誉　田　別　命

　大　山　祇　大　神

他に本町持の鹿島宮が、鳥居の右手にありましたが、明治二十三年（一八九〇）の大火で焼失致しました。昭和五十一年（一九七六）、明神町の皆様に依って明神川の辺《ほとり》に、立派な社殿が建てられる迄は、鹿島様はない状態でした。

度重なる火災に幾度も遭われる歴史に、田名部神社の鎮守の森は育たず、巨樹古木に覆われる神さびた境内の復興は、次代の人たちに頼らざるを得ません。樹木がない境内は、広かった様です。

明治維新時、田名部小学校と田名部病院二階建が、田名部神社裏に建設されている事からして、文化・文政時の建替えで、南向きになったにせよ、後方はかなり広かった事が分かります。その後、円名部神社は、明治二十九年（一八九六）に大火で類焼後、再建されました。私の記憶にあるのは、本殿が渡り廊下のお宮さんで、すぐ後ろに弓の射場があり、学校や病院等の大きい広い建物は造る余裕がなくなっていました。

この明神様のお祭りは、江戸期の昔から賑やかで、町衆は勿論、近郷近在老若男女、一年一度の田名部祭りとして楽しみにしていました。見せ物小屋が立ち、芝や（芝居）に見惚れ、奉納角力や、サーカス・手妻（手品）・物売り・小屋掛け、その見物人たるや大変な人出でした。又、夜は盆踊りと、夜半過ぎまでも活気づきます。

それから、境内には武徳殿があって、終戦後は教育事務所が入っていました。又、明治十九年（一八八六）、コレラが流行した際、防疫に携わって殉職した警察官の顕彰慰霊碑と、日清・日露戦争・大東亜戦争の忠魂碑が建っています。昭和十年代迄は、弓場が神社本殿の後ろ側にありました。

境内前道路の溝が、石垣に依って作られ、正面は一枚物の石橋で欄干も付いています。これは、天明の五ヶ年褒欠《けかつ》（飢饉）の時、民衆の困窮を救おうと、本町の熊谷家が救済事業として行いました。二百三十年も前に個人に依って、救農対策が行われたと言う事は驚き入ります。

新開地（常念寺）

田名部神社を去って東へ向うと、「坪作十郎小路」に突き当ります。そのまま東進して明神川を渡って、常念寺境内の左手に「川端観音堂」がありますが、常念寺とは関係がなさそうです。昔、新開地に養源寺と言うお寺があった、と古人から聞いた事がありまして、私なりに調べてみましたが不明でした。

只、新開地のお婆様連中が、年に何度か別の建物に集まって、お講を開いたと言います。その話に依ると、お講の膳椀等があったと言っていますので、或は川端観音さんの伝説の、昔「洪水の都度、流れて来ては戻す、又洪水で流れつくの繰返しで、ついに川端にお堂を建立した」と聞いた観音様は、この川端観音堂ではないでしょうか。

さて、重要文化財「阿弥陀如来坐像」のある「浄土宗不退山・常念寺」です。慶長十八年（一六一三）、良翁龍山の草創。延宝三年（一六七五）、田名部大火の際、焼失。貞享《じょうきょう》三年（一六八六）、大本山・清浄華院より譲受けた木造阿弥陀如来坐像は、大正四年（一九一五）三月二十六日、国宝に指定されました。昭和十年（一九三五）七月には、国費に依る修復がされております。

大本山・清浄華院は一条派。常念寺は名越派にして、浄土宗鎮西流六派の内、兄弟派同士です。草創時のお寺の入口が、迎町に面していて、東面していた建物だったと思います。延宝三年の大火に依って現在地に移ったお寺も、昭和四十三年（一九六八）一月二十三日、位牌堂から出火、本堂・庫裏共に焼失。幸い附近の住民が駆け付け、御本尊さんは無事でした。

坪作十郎小路から本町に出る通りは、裏町を通っていました（親不孝通りを抜けて、はねやホテルへ出る道）。延宝三年の火事を機に、お寺の向きが変った事に依って、明神町の道路が開通し通り幅も広くなり、現在に至っています。

昭和四十三年、焼失前のお寺の裏は、池もあったし、樅や松やオンコの巨樹が茂っていて、墓地の中程にはそれと対の樅の木が最近まで残っていました。又、山本理左衛門さんの墓地の隣りに、一坪ばかりの草むらの中に、四角の台石に小さい卵形墓が二基ひっそり並んでありなす。

田中誠一先生夫妻が、その墓所の草取りをなさっているお姿を二〜三度見たので、奥様に尋ねたら、「お婆さんが念仏が好きな方で終生草取りをした。回向の為、私もたまに草取りに来る」との事。墓石の碑名を見ましたら「当寺開基〇〇」と読めました（田中先生の奥様は、菊池成章の子孫で、元市長の菊池渙治さんの妹さんです）。

明治七年（一八七四）八月五日、廃寺になった蓮華寺の「古墳等は常念寺に移す」とあります。その墓石は、蓮華寺のものやら、又、この時期同じく廃寺になった万人堂の慈眼寺のものやら。蓮華寺・慈眼寺共々、天台系の修験寺として草創された由縁に依って、法然様の浄土系の常念寺に託されたものと思われます。

常念寺本堂正面の御本尊「阿弥陀如来坐像」は、下北唯一の重要文化財です。その右に揚げてあるのが「顴經曼荼羅図（狩野小左衛門画）」。約三米×三米の大幅もので、阿弥陀様調査に来た内務省の役人も、その出来に驚愕していた程です。もう一品、「屋島壇ノ浦合戦図屏風六曲一双六尺もの」の寺宝がありまして、屏風はお盆の時期に開帳しています。

ところで、明神町に、銭湯「風呂屋の弥七」と、寛政期の記録に見えます。当時から、風呂屋が営業されていた事が分かります。

本町辻（西側）

常念寺から引き返し、本町辻です。右手角、川島百貨店、江戸期は菊池重右衛門店。醸造業・麹屋、商いの型として両替屋・問屋・小売・金融・旅籠を兼ね、大屋・物屋とか呼び、意外に複雑な仕組がある様です。この菊池重右衛門は、舘《たて》の菊池巻の一番の別家です。

江戸前期から、菊池家・新相《にあい》家・熊谷家・佐藤家の四旧家は有名でした。

江戸中期以降になると、田名部の経済も飛躍的に隆盛します。名のある商家も増えて、家並みが目まぐるしく変動するのが、元禄以降顕著になって来ます。この菊池重右衛門宅には、伊能忠敬（幕末の測量家、一八一四年、大日本沿海輿地全図完成者）が宿泊した際、町の重立ち連中が訪れ、その測量機具を見て驚いています。忠敬は、田名部は人々の所謂文芸の進んだ土地と、褒めています。

その隣りに、近江屋與左衛門の一族、近忠事、検断・近江屋忠助店（のち）が入店。その隣り、大屋御給人・若山（和歌山）吉六店。隣り、島屋重兵衛店（明治九年、故郷野辺地に引き揚げた）後を、柳町で酒造店を営んでいたの別家の中島清助氏四代目が買取り、引越して来ました。

その隣り、御給人・辻武兵衛店。大湊海軍御用達商人になり、大湊宇田へ引越しました。今は、〇村上呉服店。横に「川戸小路」があって、上水道のない時代は、小川に下りて生活上様々な水の恩恵にあずかります。

大川橋辻

大川縁の十字路に、到着しました。右角は、郵便局の山本さんと、前隣りは、本家の熊谷さん。熊谷家は、田名部の大旧家・大屋であり、明治新制度の田名部村の初代と三代目の村長二人を輩出しています。又、分家かぎもとの山本新十郎さんは、初代郵便局長をされました。代々局長の山本さんと親しまれる川角の山本さんも、苗字は違っても熊谷一族なのです。

大川縁を西進すると、小川に突き当ります。大川端に橋前役所がありました。仕事は、安渡港から川舟《かんこぶね》によって出入する荷物に対して、一定の運上金を賦課しました。又、町有の設備等を利用したり、小額の立木以外の公用財の払下・利用料等の徴収に当っていました。

本町辻（東側）

再度、本町の大平道十字路に戻ります。本町東側を、今の青森銀行の所から南へ進みます。江戸期は、氣や櫻井宗兵衛家の角屋敷で、昭和六年（一九三一）、本町火事以前は、米谷旅館・小野医院のあった一画です。火事後は、第五十九銀行（下北銀行を吸収合併）が新築された所です。

二～三軒先は、早掛沼構築や、苫部野の松・芦崎の松・城ヶ沢の松など植林の差配をした、代官所御給人与力の七兵衛・弥一郎・勇左衛門一門の㊀小田屋店。この先は、三國屋林兵衛店本家、別家。そしてはねやホテルの所には、第五十九銀行田名部支店が、道路より七～八米も引っ込んで建っていて、然も入口が正面ではなく南面していました。その隣りが、現むつ市長宮下順一郎さんの駒屋高松與兵衛等、軒を並べていました。

南角は、平成の最近迄は小原家具店、その前は弘前相互銀行田名部支店でした。又、それ以前は、陸奥銀行が明治よりありました。盛岡銀行と共に洋風鉄筋として、加えて山本理十郎さんの三階建、これらの三軒が、田名部の大正の建物自慢でした。

大川橋辻

大川に架かる大橋です。昔、大川には、「神小路」より大覚院通りに向って「旧大川橋」があったと言われています。

さて本町から徳玄寺を見渡せる新町への新しい橋は、何時頃完成したのでしょうか。正保《しょうほう》（一六四五頃）の國絵図には、載っていると言われます。「明治十五年（一八八二）六月、大川橋祭架設」と、鳴海健太郎先生の『下北近代・現代史略年表（明治・大正篇）』に見えています。

これ以前ですと私の調べた事では、「文政十一年（一八二八）三月、田名部一、一九三軒、一軒五六四匁宛、総額百〇八両にて大川橋架替」とありますから、五十四年振りの架け替えになります。明治から昭和七年の鉄筋の永久橋に替るまでに、五十年になります。文政から明治迄も約五十年、檜《ひば》の木の耐久力には改めて感心しました。

この橋の袂に高札場《こうさつば》があって、昭和の世迄、藩の告知・法度やらお馴染みの人相書の貼出し、また官報や公文書・競売公告・天気図等が貼られておりました。

この十字路で、田名部祭りの夜の解散時、三台の山車が別れます。屋台山車を運行する若中に依って、「今日一日御苦労様でした。又、明日一日宜しく」と労を犒《ねぎら》い、提灯を高く振り振り、暫しの別れを惜しむのです。この約百六十年続く、情緒豊かな「三車別れ」は、横迎町「豪川組」・本町（明神町）「明盛組」・新町「新盛組」に依って行われます。又、この若中の組名は、徳玄寺十一世・寂静《じゃくせい》さんと言う方が名付け親です。

横町

さて、大川沿いを東進します。古い町内、横町に入ります。間もなく、左手小路奥に明神宮が望まれます。この通りを、「稲田半助小路」、又は「神小路」と言います。小路入口に宝鏡院（目時さん）がありました。

文化十一年（一八一四）十一月十二日の火災の際は、近隣の人々協力して筵《むしろ》に大川の水を浸し、又、手桶を手送りして消火に努め、本町への類焼を免がれたと言伝えがあります。横町十二戸全焼の火事でありましたが、宝鏡院さんのお加護で本町が無事でした。が、四ヶ月後の文化十二年（一八一六）三月七日、本町より出火、圓通寺・大覚院・和歌山・山の神堂のみ残る、市中殆ど焼失する不運に見舞われました。

この神小路の大川端に、一際大きい両面の川戸《かど》がありました。夜道の暗い晩、よくまあ落ちて怪我をしないものだと思いました。

この大川の川岸の護岸と、川戸に下りる石垣工事をしたのが、寛政六年（一七九四）となっています。宝鏡院と迎町橋の中程に、昭和五年（一九三〇）十二月十日、下北の演劇界の先駆としての興業場、田名部劇場の設立を見ました。戦後はミナト家具さんが入居して、広い店を存分に活用した様です。

迎町

迎町橋を境にして、迎町に入ります。藩政期に、藩の役人が出張又は蝦夷地への通行の途次、先触れが必ずあります。その都度、お迎えとお見送りが慣わしであった為に、御役所役人が町外れで待っていたものの様です。それが町名の由来で「迎町」。

この迎町橋を渡ると右に、今では水月旅館さんが建っていますが、「裏道通り」と言う小路があり、善宗寺前を通り南裏路小通りを抜けると、八戸屋さんの所に出ます。

迎町橋

本道に戻って、迎町橋から左手五十米位して、道から二十米位下がって銀杏の巨木の繁っている所が、「大宝院（中里さん）」であります。宝永年間（一七〇四―一七一〇）、久慈より来られ、初代慈法院様より当主九代、三百十年の永い歴史があります。

文化十三年（一八一六）には、寺子屋「温知堂」を開き子弟教育を施し、又、明治六年（一八七三）学制施行の際は、六代目岩六さんが教員となっております。宗教ばかりか、教育・産業面迄指導されたお家なのです。修験寺号は大泉寺、皆さんは「大宝院さん」と呼んで親しんでいました。院号の外に坊号を賜っており、修験宗のお名前は複雑な様です。

向いの家が、菊池衛生社の本宅があった所です。昭和四十年（一九六五）迄、「こみせ作りの家」が残っていた田名部最後の建物でした。五十米ばかり東進すると、左に常念寺の旧入口「酒井惣吉小路」。向いが「テラ角」。間もなく、右手「善宗寺入り口小路」、「日蓮宗一乗山・善宗寺」。元和《げんな》二年（一六一六）三月、日意の開山。寛永二十年（一六四三）、大旦越新相《にあい》宗和の寄進に依って、再建したと言われます。

その先、鉄道が通っていた辺りが、大黒屋・立花文左衛門宅。蝋燭問屋をして大変大きな店構えをしてあったそうです。藩の出張の役人が来た時、去る時、御役所役人が揃って送り迎えする場所でもあった様です。又、明治四年（一八七一）、会津藩が下北移住の際、会津若松より田名部へ日新館の図書を移して、迎町立花文左衛門宅に藩学校を開きました。間もなく円通寺に移りますが、それ程広い家屋だったのでしょう。

その先は、左折すれば尻屋街道で藩の公道でした。従って、藩の役人はこの街道から出入りしたものです。太田橋を渡って、大開きへ向う道路が出来るのは、明治になってからの様です。この「大開き」と言うのは、今の品ノ木です。昔は放牧地であった様で、大きな木戸があった為の地名とか。

尻屋街道への別れ道から、百米位東進した左手に、旧「板橋座」がありました。大正十五年一月二十日落成、終戦迄の田名部劇場とお客を二分して来た田名部の娯楽の殿堂。当時は、映画が唯一の楽しみでありました。教育上有意義とされるものは、年一〜二回、学校引率で映画館に足を運んだものです。

筋向い、菊池昇さん宅。田名部神社御祭典の折、御旅所として江戸期より御輿《みこし》ご巡幸には、御神体が御休憩されるのを例《なら》わしとして参りました。

田名部大明神の御神体を、昔、大平荒川の奥なる一本松と言う所より勧請した際、御神体を背負い奉仕されたのが、柳町坂本文太郎氏と菊池平治氏の御二人。この二ヶ所のみ御旅所に御遷宮されます。菊池昇さんは、平治氏の直系子孫に当り、中世からの大旧家です。

明治初年、太田橋も架かり、宝鏡院の穂日社が大宝院様の北野宮に合祀になり、板橋座附近にあった稲荷社三社を合祀して北野神社が創建されたのが、明治十四年（一八八一）十二月であります。

大川橋辻

街の中心、大川橋辻に戻ります。

明治十五年（一八八二）六月、架設された大川橋も老朽化が目立ち、危険を伴う様になり、住民の要望に依って鉄筋の永久橋が完成したのが、昭和七年（一九三二）十一月でした。そう言えば、恒例の三代三夫婦に依る渡り初めが、正に橋の真中に差し掛かった時、地震が起こったのです。

「周辺道端、大川端、二階、屋根迄鈴なりの見物人。ぐらぐらとなへふりてなべての人その驚きたるや」

筆者の心に鮮明に覚えている事を、菅江眞澄流の表現を借りて書いてみました。

大川橋から大橋へ・古新町

その田名部の中心の、鉄筋の「大橋」が正式な名称になってから、江戸期より続いた「大川橋」が消えました。

この大橋を南に渡れば、右が山理商店です。その名は、田名部通り（下北）ばかりか南部藩、遠く長崎までも知れ渡っていました。宝暦九年（一七五九）に名字帯刀を許され、山本理左衛門を名乗り、天明六年（一七八六）に御給人。山理商店は、間口二十五間の店舗、土蔵の数十棟と、江戸期田名部通りの経済界の重鎮でした。

安政三年（一八五六）五月六日、藩主御巡視があって、田名部御本陣・山本理左衛門宅が、宿泊の場所に指名されました。山本家は、江戸風の豪家にして、息子は孝子のよし。随医外、多数宿泊しました。その内、医師八角宗律の随行記に、理左衛門の「奥様は美婦の由、蔵江隠し置」と見えます（あまりにも美形の奥方、おとぎを命ぜられたらコトだよネ……）。

向いが、軌道会社の事務所及び倉庫のあった所、それ以前は、御給人・和歌山叙容の別宅（土蔵作り）。本宅は、城内若山（和歌山）吉六（天明三年、御給人）。

昭和十三年（一九三八）、大畑線開通に依り軌道馬車が廃止になった後を、川島百貨店が買取り、表通りは揮発油発売所で、支配人が一族の川島三郎さんと言う人でした。横隣りに小路があって、「和歌山小路」と言いました。

和歌山小路の突き当りが、「大覚院」。明治神仏分離令前は、修験寺、元禄以前は、万善寺と言うお寺もありました。

言い伝えでは、文禄年中お寺が火災の際、田名部の町は火事が多い所なので自らの命を犠牲にして、所謂生け贄になって火を鎮めようと、莞爾として「火定《かじょう》の行」に入ったと言われます。火定とは山伏用語で、焚身捨身焼身自殺の事。これに依って、文政十年（一八二七）、大覚院より、火災防除の霊験あらたかな秋葉神社が勧請されています。毎春の消防の出初の時は、団員の皆様が、この千海行者さんの慰霊も兼ね、市民の感謝と火防意識を促す行事が行われています。

古新町辻（圓通寺）

大覚院の隣りが、「曹洞宗吉祥山・圓通禪寺」。有名な恐山の別当寺院です。新町三叉路の一角に釘貫門があって、広場があり駐車場になっている右手が山門。左手は大覚院への道。曲がらずに通用門を潜ると左手に慈眼堂、元は、十王堂と掛額があった様な記憶があります。私の子供の頃は、仁王堂の額だった様な気もします。定かではありません。只、「医王山万善寺は廊下、前口一間、奥行二間、板葺であり拝殿は前口三間、奥行三間であり、仁王堂と言われ潔斎は板葺で籠堂と言い、一間四面の鐘撞堂もあり」と、文献にあります。この仁王堂が万善寺ではないか、とふと思いました。慈眼堂の正面に、立派な近代的な建物があります。二階が位牌堂になっていて、階下が儀式場で、本堂に続いています。

文化十二年（一八一五）の大火の際は、徳玄寺が焼けたのに、圓通寺・大覚院・和歌山の一角だけ幸いに難を免れました。慶應三年（一八六七）十二月四日の昼の、新町火事の時も、新町が九分通り焼失したのに、やはり圓通寺・大覚院・和歌山・徳玄寺は残りました。

『田名部町誌』及び『圓通寺史』に因ると、大永二年（一五二二）、東昌寺徒弟・宏智聚覚比丘巡錫《こうちしゅうがくびくじゅんしゃく》してこの地に至り草庵を結ぶとあり、『青森県「歴史の道」調査報告書』に「大休善遊圓通寺再興す」とあります。「この大休師は藩主の近縁者なる故に出身系類を明らかにせず」と見えています。九世・法山正淳《しょうじゅん》師が元禄年中、『恐山縁起』を著しています。

又、文化七年（一八一〇）に、十六世・泉霊玉竜《せんれいぎょくりゅう》師の『釜臥山菩提寺縁起』が出版されています。十八世の義堂泰賢《ぎどうたいけん》師は菅江眞澄と交友のあった方で、眞澄の日記に出て来る「和友禪師」の事です。明治維新の版籍奉還が行われ、会津藩が新しく斗南県知事に任命され、一時圓通寺を庁舎とし、元藩主であった松平容保・容大父子が滞在した事があります。門前町・古新町の、曹洞宗吉祥山・圓通禪寺の門札の真前に、江戸中期に御給人・与力職をしていた、新谷家があります。古くは、「荒谷」の字を使っていた事もある様です。圓通寺、徳玄寺の裏手一帯の耕地を持っていました。

南に向って小路を進みますと、鉄道を潜るガードになります。大昔の文禄（一五九三）の頃、万善寺の千海上人火定の地と言われ、上人を祭る小さな祠があります。その近くに町営の火葬場がありました。これは川内の菊池与太郎と言う人の寄進で、大正十一年（一九二二）九月三十日に完成したものです。それ迄は、人が亡くなれば大半は土葬でした。火葬にする人は、檀家寺か若しくは集落毎の野焼場でした。

古新町辻（徳玄寺）

街の中心「大橋」を南進して、すぐ突き当りに釘貫門があって、二間幅程の小路を十五間程進んで、山門に着きます。「真宗大谷派𩵋香山・徳玄寺」、所謂門徒宗のお寺です。市内を流れる田名部川は、大雨の毎に洪水を齎《もた》らす事、有史以来で、この川をカレ淵附近から金曲に新川を切替えして、新田名部川を開通した石澤町長。町制上は最後になる石澤完氏は、この徳玄寺第十三世住職です。田名部町と大湊町が合併して市制を施く時、これに反対して、雲隠れすると言う両町長がいて、全国的に有名になったものです。そして、海老川の古川を切替えした時、その発案や計画等指導的役割を演じたのが、明治頃の徳玄寺第十一世住職・寂静《じゃくせい》師（完師の祖父）でした。

又、徳玄寺六世・寂幢律師《じゃくどう》は、金沢藩・佐々木晦元玉華堂に師事し、志津馬流書道の奥義を究めたと言われる人。当地でよりも金沢で人気があり、得意とする肉太大文字は一字、十両共五十両共言われました。地元の田名部では、墨跡屏風として十七双の遺品があるそうです。内、七双は行方が判明しています。

菅江眞澄が度々訪ねている、徳玄寺智愚庵の実元上人《じつげん》は、この寂幢師の孫にして、父の惠章師《けいしょう》は、当時江戸一番と言われた篆書《てんしょ》の三井親和に学んだ人。又、祖父が寂幢師であれば実元上人の書は、と興味を引きますが、三十才前に失明する不幸に見舞われました。しかし、その見事な遺作はありません。曲書きの六尺屏風一隻だけ、ある檀家に保存されてあります。

徳玄寺でもう一人、第九世住職・寂秀《じゃくしゅう》師、二度に亘り京に上り仏道の修行を積みました。儒者・頼山陽と交友があり、山陽が蝦夷地からの帰途立寄り、「誰教」の掲額を揮毫しています。寂秀師は自らも詩文に長じ、「遠跡庵蘭英《えんせきあんらんえい》」、又、「香山」と称しました。多分に知識人だった様です。蓮華寺の高台に、松尾芭蕉翁の句碑の揮毫をしたりしています。蓮華寺が廃寺になった後は、その石碑を徳玄寺の庭に移転してあります。

海老川辻・海老川町

徳玄寺を西進すると、道路が三本に別れます。右は、小川町へ新大橋を渡る道。中の道路が田名部高校通りです。この右手の広場は、文化七年（一八一〇）六月十五日、田名部大明神から遷座された「山の神堂」があった社跡です。明治六年、神仏分離令に依る社寺統合の際、旧に復して、明神宮の地に再度お遷りになり、郷社に合祀されました。

この路を西進すると、右側に沢口製材所、今はむつ郵便局。尚進んで石田製材所、今は佐藤小児科医院。両製材所共に、現在はマエダ百貨店の大駐車場になっています。川淵が土場（貯木場）となっており、東通から筏《いかだ》で運ばれて来た川下りの木を止める土杭が、突き刺ってありました。それを田名部衆は、「澪《みお》つ串《くし》」と言っていました。

程なく、「古川」が横断します。この川が、新町熊野神社裏迄続いており、冬期凍結する事に依って、過氷《シガ》を鉞《まさかり》でキクワシテ（砕いて）、四手網でユグイを掬い、焼干にしたダシでそばを喰うのが、田名部衆の楽しみでした。古川が横断している道路淵左側に、一間半程の社があったと思います。今の協栄石油さんの向い側です。どちらへ御遷宮されましたでしょうか。

その先、俗に下北。昭和十三年（一九三八）十一月、日本特殊鋼管大湊溶鉱炉があった所。現在の下北駅前真正面に、大日本帝国「大湊海兵団」の看板が、昭和十九年（一九四四）九月一日掲げられました。下北町一帯です。当時の防空壕は、まだ残骸を曝《さら》しています。

日新町・旧海老川町

新大橋の交叉点に、引き返します。日新町から、一里小屋の一里塚方向へ進みます。南進して、元新町郵便局のあった後ろは、昭和十年代迄、避病院があった所。昔、法定伝染病に罹った患者さんは、強制的にこの病院に隔離されたものでした。昔、その背後一面は、人家がなく、古川・海老川へと続く芦原でした。その先、南下した右手に、軌道会社の軌道馬車々庫がありました。

間もなく、熊野神社（熊野様）。『北奥路程記』では、他に稲荷・大日とあります。言い伝えによれば、四百六十年前の弘治二年、現在地に祀られたと言われており、「大日如来が祀られ、境内に稲荷神もあった」とすれば、天台系の修験者に依って創建された事と思います。熊野様の社は、明治十七年（一八八四）の建築で老朽に勝てず、平成十三年（二〇〇一）十二月、百十七年振りに新築完成し、地域住民喜びの内に遷座祭が行われました。田名部衆にとっては、この熊野様のお祭りの日（七月十九日）を以て、夏に衣替えとなります。つまり、盆踊りの解禁日なのです。

向側にある金精堂《こんせいどう》は、本来は町外れで、他から入り込む魔障を斥《しりぞ》ける道祖神と、道の分岐点を表わすフナド神が混然としたものの様です。だからこの地は、一説には木戸があった共言われています。そして木戸の外は放牧地で、名残がその境目に産馬産牛組合があったりして、とにかく町外れだった様です。またその先の、測候所近くが、牛馬の屍体捨場だったとか。

苫部野・金曲

これより苫部野、軌道馬車は歩速から早駆けになります。道幅も今よりは格段に広く、二十米もあった様です。又、古図に因りますと、松の植栽は両側だったようですが、私の記憶にある頃は、もう西側一列だけでした。

金曲の、トヨタ自動車の向いのヤクルトむつ営業所跡構内に、「二ツ森」と呼ばれる一里塚の古跡がありました。昭和初期迄遺構があって、冬は橇《そり》滑りなど子供達の遊び場所でした。又、明治初め、贋札犯が逮捕され打首の刑に処されたのが、この二ツ森です。明治四年（一八七二）八月二十六日の事でした。

苫部野・大曲

このヤクルトむつ営業所跡から南に一里行くと、下北バス停一里小屋のある道路際に、江戸初期の遺構「一里塚」が、三百六十年の侭の姿で道行く人々を眺めています。海岸寄道路際で、杉林の中にありますが、余程気を付けないと見逃がしてしまいます。一里番人が三人詰めていて、賃銭一ヶ月一人一貫五百文だったと言います。

産馬産牛組合の町外れから早駆けになった軌道馬車は、車速を上げて約千三百米程で金曲と大曲の境から右に曲り、九百米程で、目指す田名部駅（現赤川駅）に到着します。板敷製の腰掛けですので、チョッピリ尻が痛くなりますが、それでも三十銭の乗車賃を払い、馭者の岡村の小父さんに、「御苦労さん」と声掛けして降りたものです。

御役所・辻城内

さて、市内に帰ります。残る小川町を訪ねる事にします。柳町・本町の辻から御官所通りに入り、上橋を渡り、城内に入ります。現在は小川町に含まれますが、江戸期は歴《れっき》とした町立になっており、「御城内」と呼ばれていました。

先ず右手。川沿いに道路があり、川面に下りる川戸《かど》がありました。この川戸は、なかなか重要でした。御官所への春木（薪）や、御城内に住いする御給人の給地よりの作物の舟からの荷揚げ場で、現在の川の深さでは想像も付かない様な話を聞かされた覚えがあります。

代官所所在地であり、その役所に勤務する御給人の住む町内と言う特別な区画ですから、昔の役所や、役人の事も含め順次書いてみます。

まず、右手の最初の家が、「カドの家」。父祖以来御給人の菊池百太家。百太さんと言えば、戦前、田名部消防団々長を永く勤めた方です。百太さんの奥さんは、昭和十四年（一九三九）六月、山田流「菊池社中」を発足し琴の指導を始めました。上橋を渡る時、琴の音が表通り迄聞こえて来たものです。御先祖の菊池弥左衛門翁は、代官所や御山役所に勤め、明治維新後、田名部戸長に就任しています。勇退後は、六十を過ぎて大湊村有志に懇請されて、村長を三期十二年勤め、藍綬褒章を授けられました。

その隣が、中島清助氏別荘。江戸期から明治に掛けては、御給人・菊池孫之進、常吉家。俗に「アタラシ家」。城内に住したのが比較的新しいから、と言うのが俗称の謂れですが、城内の菊池巻の言う事。我々から言うと、「フルイ」巻きの一族に変りはありません。

続いて御給人・坂井純之助家、現在はお山街道に移っています。宝暦の頃、平右衛門と言う方が演舞軒と名を以て、士分（同心以上）に武術の稽古を定期的に開催、伝授していた様です。子息勝之丞氏は「武揚軒」と称し、本藩の武芸指導所に勤仕していた方です。

代々武芸指南をしている家です。

その隣り、現むつ商工会議所の場所に、田名部町役場がありました。昭和三十七年（一九六二）、金谷の鉄筋建の新庁舎へ引越します。役場に並んだ地に、御鷹役所、山木吟味所《さんもくぎんみしょ》（俗に御山役所）がありました。しかし、御鷹役所は程なく廃止になり、山木吟味所は、高台の井戸附近、つまり、三上社寺奉行のお家の上の方に移りました。

大構

御官所に向って崖下を右に廻る小路が、「清水《しんじ》」です。江戸期迄は「大構《おおかまえ》」の字を用いていた様です。思うに、代官所のある所が古舘と言われる様に、前南部氏支配時に舘があったとすれば、八戸の根城の東方に、大構と言う地がある事の倣《なら》いではないかと、私《ひそ》かに想ってみたりしています。

清水には、御給人・三上左五兵衛家があります。代々社寺差配取締（奉行）職で、常楽寺の唯一の檀家でありました。御山奉行・湊奉行等御官所で役職をされ、子孫は、明治新政府になってからも戸長や学校長をされた方もおります。

又、この清水は、江戸期が大構で柳町の枝町へ、明治以降は小川町に編入されました。この通りにもう一軒、御給人・菊池勇馬家がありました。

城内（西側）

むつ商工会議所前に戻り、南下します。右手に、高野槇の大木がある庭があります。御官所（第二田名部小学校）の高野槇と同年代のものと言われます。「下の家」と呼ばれる御給人・菊池八十八家。近代では「清町長の家」と言った方が親しみ易いのではないでしょうか。菊池一族の、三大旧家の一つだと思います。

その隣が、渙さんの家。むつ市長・県会議員時代、原子力問題では、県首脳部に学識理論を以て一歩も譲らず、然し乍ら、病で志半ばで燭光を見られなかった、悲運の市長菊池渙治さんの家です。祖父門五郎氏は、明治三十八年（一九〇五）六月より六期田名部町長に就任し、田名部戸長役場筆生として勤め通算四十五年。在職中病死、昭和二年（一九二七）三月二日、町葬を以て送られました。

又、門五郎氏の父民太氏は、初代の田名部戸長でした。尚、御先祖で、菅江眞澄と交友のあった「成章」事、御給人・菊池成章久左衛門泰作と言う方は、御官所では、御下役、勘定所、御山役所等を勤めました。歌道にも秀で、菅江眞澄の訪問が二十三回もあったと言います（田中誠一先生『むつ市史』）。隣りの菊池清家と共に、菊池三大旧家の一家。

菊池成章家の隣家が、御給人・菊池官左衛門家。その子孫、菊池孝次郎翁は、幕末、代官所の公用で本藩盛岡へ屡々往来したり、維新後は、函館の海関所や、田名部警察署の会計方へ勤めた事もあります。翁は「嵯峨の家」と号して、俳句・都々逸等もやり、その弟子に、二本柳常五郎、中島清助等、名だたる名士を輩出しています。

その隣りが、泉山宅。御給人・竹野華又右衛門から菊池に姓を替え、明治に泉山と再度姓を替えています。明治維新制になった際、第六大区第二小区扱所・大利村外十一ヶ村戸長役場を、戸長泉山傳蔵宅（田名部小川町三十九番地）に置く事になりました。これが、全国的に珍らしい、東通村の、隣町に間借り役場があると言う珍現象となった遠因でした。

間もなく、明治四十年（一九〇七）、東通村役場が新築されます。しかし、またしても東通村内でなく、同じ田名部の小川町四十二番一号地・二号地への移転でした。これは、東通村の地形上、田名部に設置した方が、南北不公平なく距離的に便利である（役場への用足しのついでに、町使い出来る利便性もある）、との理由でした。

城内（東側）

再度、上橋前に戻ります。今度は左手側から巡って、川縁に「検断所」がありました。仕事は、代官所の出張所と言うか、下請けみたいな内容で、田名部通り（郡内）全般を担っていた様です。勿論、川内・大畑にも検断は許されていましたが、田名部の検断は別格でした。警察権・徴収・貢納事務・祭祀安民に係る、今で言えば警察と市役所を一体とした様な機構を以て、且つ強大な権力を伴っていました。

この検断職は、町の有力者が代官所に代々任命されています。通称は、町御役所。検断の下に、各町内の組頭《おがしら》五名、各町毎一名、参語（小走《こばしり》共言った）若干、物書（書留）、それに検断の相談役的な宿老《おとな》二名となっていました。午前八時出勤、午後二時退下を慣行としました。

その隣りが、下御役所と言われる「百分の一役所」。つまり、代官所に関する一切の訴（要望・報告等）処理をしますが、実務は検断所で行われていました。本藩で決裁される様な重要なものだけ、代官の目を通す程度でした。

この百分の一役所は、有名な小川の「橋前役所」の直轄所で、入船百石当り一両二歩の役銭を受納していました（寛政六年時）。このお金が、代官所と検断所両方の経費を賄っていたのです。

大正七年（一九一八）、田名部病院に新院長丸山鉄三郎先生をお迎えするに当り、病院を小改築する事になり、用地拡張の為、和歌山宅にあった役場を旧百分の一役所に引越しました。その後は、又、町役場が大正十五年六月三十日廃庁になり、空家になっていた下北郡役所の跡へ引越しました。役場の去った後の百分の一役所跡は、「公会堂」になり、その後、郡水産会が入っていた気がしますが、記憶が定かではありません。

左折曲り角は、「龍蔵院」跡です。古里の社寺縁起由来は多くありますが、修験寺院に関するものは見当りません。

田名部の修験寺院を見ますと、

小川町　明王山愛染寺・龍蔵院（菊池）
柳　町　大慈山法泉坊・寛明院（山口）
横迎町　中正山大泉寺・大宝院（中里）
新　町　医王山万善寺・大覚院（渡辺）
本　町　　　　　宝鏡院（目時）

以上、五ヶ院増減なく経ているのは、幕政の宗教政策による事もありますが、藩の自光坊一派支配策にも影響あるかも分かりません。慶長の修験法度に依って葬送から締出されて、加持祈祷のみでは自活範囲が狭くなったのは確かです。

従って、自給自足の途を得る為、子弟教育の寺小屋開設や耕作等では、修験寺院の経営は容易ではありません。明治元年（一八六八）三月、神仏分離令及び、明治五年（一八七二）九月、修験道廃止令に依って、神官になるか俗人になるか選択を迫られ、多数の修験者が還俗したと言われます。それでも田名部は、五ヶ院が続いておりました。今は、大覚院様と大宝院様は院を守っておりますが、別の職と兼務しています。

城内の龍蔵院は、明治二十三年（一八九〇）の大火迄は、時鐘を鳴らしていました。尚、明治十二年（一八七九）十二月、下北公立中学校開設（二年間だけ）。明治十五年（一八八二）八月には、県立初等師範学校が設置認可され、龍蔵院を校舎に充てていました（修行年限一ヶ年、生徒十一名）。明治三十七年（一九〇四）三月、廃校。

龍蔵院跡を左折、隣りが、御給人・菊池儀左衛門さん屋敷で、田名部病院のあった場所です。

田名部病院の前身は、明治七年（一八七四）八月十八日、柳町槇玄範方を借りて、済衆病院田名部分院として創設開院するのです。翌々、明治九年、本町大川橋際に道路敷地を借用して、不足分を大川に突出杭打ちして、平家建の病院を新築しました。明治十二年一月二十一日、済衆病院が県立になった時、田名部分院は独立して、公立田名部病院となったのです。

明治二十三年の大火の際、田名部病院は類焼して、郷社田名部神社の後ろに、二階建を新築して移りました。が、明治二十九年の大火に又々罹災、郷社裏から常念寺に一時立退き、仮病院としました。翌、明治三十年七月十三日、小川町二十三番地（菊池儀左衛門屋敷）に、三度新築して移りました。

翌、明治三十一年（一八九七）六月、田名部町一万の人から「院長さん」と敬愛された丸山鉄三郎先生が、着任致しました。城内南東側敷地を拡大し設備も充実して、新病院が落成披露宴が行われたのが、時に昭和十一年（一九三六）十一月二十三日の事でした。

隣りが、御給人・若山吉六事、和歌山叙容屋敷。俗に、「ムカイ」と称しました。本町に、印大屋若山吉六店を構えていました。又、大川橋の袂には、土蔵作りの別荘がありました。明治十四年（一八八一）九月、北白川宮有栖川宮二品新王殿下が、明治天皇御代巡として東北・北海道御巡幸の折、田名部に立寄り、この別荘に御一泊されております。

さて、菅井眞澄の文中にも登場する和歌山叙容。財力もあり、知識もあり、面倒見も良くて様々な人々が群がっていた様です（余談です）。この叙容さん、書き物が尊円流（御家流）の素晴らしい達筆で、人柄が判る様な気がします。明治新制度に依る第一小区・区扱所が維新の夜明けとすれば、和歌山家から日が昇った様なもの。

和歌山（若山）家に隣接するのが、十郎兵衛家でお馴染みの、御給人・菊池家。八森稲荷様御勧請の家としても、俳号「雨林」としても有名な方です。後《のち》にこの場所に、田名部営林署が建ちました。後ろが署長官舎でした。

明治六年（一八七三）三月、検断から大庄屋に名義も変り、執務所も変わる事になり、検断所は長い歴史の幕を閉じました。明治十一年十一月、これ迄の区扱所が戸長役場として、この菊池十郎兵衛宅を買い求め、そこを庁舎として移りました。

明治二十二年（一八八九）町村制施行当初、村役場を一時菊池門五郎家に移して、十郎兵衛宅の役場を修繕して引き移りました。然し、明治二十九年（一八九六）の大火に類焼して、又、菊池門五郎氏宅に立退きました。翌、三十年、又々、和歌山屋敷に役場を新築して、明治三十二年一月一日、町制を迎えました。

菊池家の隣り角地は、「直税・間税田名部分署」です。以前は新町にありましたが、明治二十九年五月二十七日、新町要之助火事で類焼し、引き移りました。職員署長以下四名、外使丁一名の、五名の事務所を構えていた所です。大正十三年（一九二四）十一月二十八日、廃庁され、野辺地に移されました。

上小川町

十字路です。左が、中橋を渡れば本町。右が、大平道・小川町です。直進します。右手に、明治三十八年（一九〇五）三月、村木友吉氏が正油醸造会社を設立しています。左手側、摩利支天尊堂。昔は宝鏡院（目時）さんが別当をしていましたが、神仏分離令に依り止め、圓通寺が祭祀を司っております。その先に、明治四十三年、(大)正油醸造会社がありました。

突き当りが、元消防本部。ここと丸山ストア跡地が、橋前役所の役人（人足）の詰所でした。この川下に、昆布蔵が十数棟も立並んでいて「出船入船数多くあり」、賑やかでありました。

この蔵は、主として大問屋・山本理左衛門の、長崎物の干鮑・いりこ・昆布を主と保管する蔵でした。他の問屋衆は、干鰯・ふのり等の海産物を、次の船出の日和待迄の間に、蔵敷料（庭口銭）を支払って保管して貰っていました。尚、他領から田名部湊に入る米・酒・古着《ふるで》・種油・日用雑貨に就いては、百石当り一両二歩の役銭で橋前役所に支払い、この蔵に一時保管してから捌《さば》いていました。火災予防策と、商品保管上便利だったからです。

又、この近辺には、御給人・村木専右衛門宅があったようです。子孫に、田名部病院城内時代の事務長村木さんや、村木兵左衛門さんなど一族三～四名住んでおりました。

中小川町

上小川町の十字路に引き返り、左折して、大平道に入ります。明治四十年（一九〇七）に、東通村役場が、山道との分岐点（小川町四十二番一号地・二号地）に、同じ小川町の三十九番地、泉山傳蔵宅より引越し、新築開庁しました。

赤平・大平道

山道を登ると、恐山への登山口。丁塚石がある所から「古道」を左折すると、すぐ右に天理教田名部分教会。この、東北電力会社の前に出る道が、江戸期は大平道公道でした。

その後、東北電力会社前を通るのが大平道で、現在ではマエダ百貨店前通りが開通しています。

この東北電力会社前の土地番号を、「堀替」と言います。これは、大川の新大橋より西、東北電力近辺より新町の田名部高校通り一帯から熊野神社裏の一面が、芦の生える沼でした。江戸期には、安渡湾に入港した船から荷を積み変えた川舟《かんこぶね》が、橋前役所前の田名部川に、何艘も帆を張り入津していた様です。放浪の画人「蓑虫山人《みのむし》」の屏風絵図にも描かれていますが、今では想像も出来ない事です。この川の切替え完成で、高校通りが出来、電力会社通りが開通して、「堀替」と言う地番迄生まれた次第です。

万人堂

この東北電力会社前を通って、旧税務署跡に上り、西方を眺め、現在の電源開発住宅の二号棟のある附近に目をやれば、歴史に名高い「万人堂《まんにんどう》」旧跡です。

「寛政四年（一七九二）十一月十七日海祥山慈眼寺とてふる寺のあとあるを、万人堂とて庵ありといへど、人ありげにも見えざめば……」

と菅江眞澄日記にあります。眞澄が田名部逗留中、「万人堂とて、庵あり」と言っているのです。眞澄が刻んだ仏像を、「万人の喜捨を得て堂を建て霊を供養せよ」とて万人堂とした、とする巷間の話とはチョット……。尚、眞澄の刻んだと言う仏像のその後の行方は？　旧跡も面影も、何もかも夢幻……二百二十年も前の事です。

古舘・代官所

軌道馬車の旅も、線路に関係なく、脱線し乍らも終着御官所に到着、古御舘の高台に着きました。

高台下、元田名部町役場であった現むつ商工会議所より西進して、なだらかな坂を上ると、右が「清水《しんじ》」路で、御給人・社寺奉行三上家へ向かう道路。

直進すると、急な石段で約五十段上ると、「田名部通り御代官所」の看板が揚げてありました。屋根付きの立派なお手の物の檜葉《ひば》製の門があり、左右に、在々より徴収した柴を藤蔓で結わいて、垣を囲らしていました。代官所は、平屋造で、廊下続きに御仮屋がありました。

『青森県「歴史の道」調査報告書』の田名部道では、代官所の事を、「御仮屋」と称しています。が、藩から来る文書は「田名部通り御代官所」です。廊下続きの御仮屋は代官の私室であって、勤番の代官が寝泊りしていました。従って、単身赴任の代官の世話は、役所の役人定番（当番）で賄っていました。

代官所の後ろ手に、一棟二戸前建の土蔵があり、寛文十二年（一六七二）の建築でした。御蔵番が二名付いていました。代官所に牢屋も附属していました。

御役所（代官所）には、御給人・与力・同心・物書・参語（状遣）・役医等が詰めていました。しかし、それぞれ持場に行って、役所に常時いる者は多くない様でした。

代官所組織に就いては、ごく簡単に記します。代官二名、交替勤務で一名は在藩（盛岡）。下役三名、一名は城下、二名士着。牛馬役一名。海防役二名。御船手差配役二名。御物書二名（書役補助数名）。御蔵掛二名。百分ノ一掛二名（間尺差配役＝今の固定資産評価委員兼徴税官）。定番（当番御給人）一人。右は御給人より任命す。御給人数名。与力三名前後。

同心三十六～七名。外に畑部落に八名乃至《ないし》十名。猟師士分扱（一人扶持）。銃及火薬は官給。他の細部は省略します。

大構道を真っ直ぐ、古御館の高台に向って行くと、三上様の前の崖に土留の階段がありま す。急な登り坂で上に堀抜井戸があって、私の小学生の頃は未だ釣瓶の残骸がありました。代官所占有の江戸時代のものと言われ、一人感傷的な気分になったものです。

その横が、田名部実科女学校で、江戸期は山木吟味所、俗に御山役所。南部藩の宝の山を守った大事な役所で、御山奉行・御山守が勤めていました。運上山の山師達の出入りで賑わった所。

摧《くだ》いて言えば、指名入札の様なもので、運上金とはその代金を表わします。それは、御蔵奉行に依って藩の勘定所に送られ、別に冥加金として運上金の弐分弐厘（百両につき二両二歩）を、田名部代官所の御蔵掛に納める仕組みになっていました。これと、橋前役所の入・出船の役銭が、田名部代官所の一切の経費を賄う元だったのです。勿論、農漁商業者の貢納がありますが、何時の時代も地頭には庶民は泣かされるもの。

神宮寺

御山役所の後ろの方、体操場（講堂とは言わなかった）辺りが八幡神宮常楽寺。所謂、神宮寺でしょうが、昔から田名部の人は神宮寺と言わないで、「常楽寺」で通って来ました。明治の神仏分離令で、常楽寺は大湊の神宮寺が廃止になった為、寺号を田名部常楽寺より受継ぎ、ついでに円空さんの仏像も移ったと、私なりに思っています。

八幡宮は、最初、田名部明神がこの高台に合祀になる事になったのですが、社殿狭隘の為、明神町の明神宮に合祀、明治九年（一八七六）十二月、田名部神社と改称になったのです。この時、八幡宮の康永四年（一三四五）銘の古い鰐口も、明神宮に引継ぎになった事と思います。

この常楽寺跡の脇に、小さな祠がありました。荒神堂と稲荷堂です。享和二年（一八〇二）、八幡堂が古くなり建替える事に決まりましたが、この二つの御堂も取壊し南西の方に少し移し、この時、社址が別れました。

その又、四〜五十米離れた高野槇の裏側に、菊池宗家《そうけ》、つまり「館の家」がありました。九州から下り南部藩に仕え、田名部代官所勤めをして、江戸期以降は田名部の歴史にとって、なくてはならない一族ばかりでした。

愛宕宮

高台の西下の恐山街道の、今は消防本部になっている所に、「愛宕神社」がありました。本町住商人・二本柳市兵衛の勧請で、小川町山道地蔵講の婆様連中に依って、四月二十四日、お祭りが執り行われております。

小川町の婆様連中は、今でも「小川町は、昔から火事の少ない町である。それは、火の神様が、小川町を守ってくれているからだ」と言っています。高台蓮華寺の西方、そして高台八幡常楽寺と御官所の西方の何れも、愛宕様をお祀りする田名部衆の火に対する恐れは、並のものではなかったようです。

この軌道馬車の旅は、愛宕様で終着ですが、小川町のお婆さんの講連中が、「火災のない町を祈願する」とありますのも何かの縁、付けたりとして「田名部の火災の歴史」に就いて記してみます。

田名部の火災の歴史

私が小学校に入学して一ヶ月も経たない頃、所謂本町火事で、我が家が罹災しました。幼い頃で何も分からず、唯、姉や兄に従い、皆で第一小学校の高台に避難しました。幼な心に怖かった記憶があります。火事に依り、家も家財も衣類も何もかも失いますから、火の用心は十二分に必要です。

正月の、消防署の恒例行事の出初の御祈祷時に、署員・団員の皆様が秋葉神社に参詣し、災害のない平穏な市民の生活を祈願する慣わしと聞いています。これは、古い時代の万善寺と言うお寺の行者さんが、田名部は火災が多いので、不幸にお寺の天火の際、泰然自若として「火定（山伏用語で焚身捨身、焼身自殺の事）」の行に入った事に依ると言われます。この行者さんの慰霊も兼ね、市民の感謝を代理してくれている行事と思います。

防火意識をあらたにしましょう。さて、往昔より、田名部の火災が記録にある分を記載してみます。

記

文禄四年（一五九五）十一月十二日　萬善寺（千海行人火定）。

元和《げんな》二年（一六一六）大火とある。

正保《しょうほう》四年（一六四七）五月十三日夜　横町五十軒。

慶安五年（一六五二）五月二日　新町十一軒。

万治四年（一六六一）四月十八日　六郎太郎火事、小川町四十五軒、本町四十二軒、明神町十三軒、横町四十八軒、計一六〇軒。

延宝二年（一六七四）六月三日　金十郎火事、柳町十六軒。

延宝二年（一六七四）九月十一日　庄五郎火事、本町・柳町六十七軒。

延宝三年（一六七五）三月二十八日　七兵衛後家火事大火、常念寺、徳玄寺、善宗寺、小川町三十四軒、本町四十軒、向町四十五軒、柳町四十五軒、新町不明。

延宝八年（一六八〇）六月二十八日　本町二十軒、馬四匹。

元禄年中　　蓮華寺焼失。

元禄三年（一六九〇）四月一日　佐兵衛火事、小川町五軒、本町三十九軒、柳町四十六軒、当日大風土蔵四落（私見、蓮華寺この時類焼か）。

元禄四年（一六九一）六月十七日　仁右衛門火事、小川町十七軒。

宝永五年（一七〇八）五月不明　次郎兵衛火事、柳町東側十二軒。

正徳五年（一七一五）十月八日　金屋半兵衛火事、二軒。

享保十八年（一七三三）九月二十三日　本町火事、四十軒。

元文二年（一七三七）七月二十日　本町甚右衛門借家二軒焼。

元文四年（一七三九）十一月十日　岩松火事、新町二十二軒、借家十軒、山廻り渋田庄之進、新田百姓家、海老川三軒類焼。

寛保元年（一七四一）三月二十日　久左衛門火事、七軒。

延享《えんきょう》三年（一七四六）月日不明　与三郎火事、本町東側九軒。

文化十年（一八一三）一月十六日　不明　二十六軒焼失。

文化十一年（一八一四）十一月十二日　横町出火、十二軒残らず焼失。宝鏡院で本町延焼を免れる。

文化十二年（一八一五）幸之助火事本町より出火、市中殆ど焼失の大火（和歌山、大覚寺、円通寺、山神堂のみ残る）。

文政十二年（一八二九）三月二十一日　弁治火事、柳町殆ど焼失、大橋にて止る。明神町も焼。

安政四年（一八五七）五月四日　柳町九分通り焼失。街路樹の柳の木（町名の由来）焼五十五軒。

安政四年（一八五七）九月十日　新町九軒。

慶應三年（一八六七）十二月四日昼　喜兵衛火事、新町九分通り五十四軒。徳玄寺、円通寺、大覚院、和歌山残る。

明治二十三年（一八九〇）十月十四日　山木火事、本町、柳町、明神町、横町、一九六戸。警察、小林区、郵便局、病院、郷社外。

明治二十九年（一八九六）五月二十七日　松本要之助火事。新町七十八軒、本町五十四軒、柳町十軒、小川町四十三軒、明神町三十五軒、横町十二軒、計二百四十九戸。龍蔵院、学校、病院、郷社、税務署、郵便局、登記所、町役場、村役場。

明治三十一年（一八九六）四月二十日　火事、本町五十二軒。郵便局。

明治四十年（一九〇七）四月十九日昼　与之助火事、迎町四十五軒（横迎町屋台焼失）。

狂人弄火。

昭和二年（一九二七）六月七日　栗山火事、八軒焼。

昭和四年（一九二九）十二月四日　迎町十二軒と一戸半焼。

昭和六年（一九三一）四月二十七日　平山火事、本町東側、明神町西側一部四十六軒。

昭和二十八年（一九五三）五月四日　杉本より出火、西町十五軒焼失。

昭和四十三年（一九六八）一月二十三日　常念寺焼失。重要文化財の阿弥陀如来坐像は無事でした。

以　上

この内、明治二十三年（一八九〇）大火から、昭和六年（一九三一）本町火事の四十年の間に、本町に住んでいて、都合四回の火災に罹災した方がおります。

北側より、旅館業の秋浜さん、呉服店杉山さん、旅館業で江戸期からの近太、呉服店渋田さん、御給人で津軽大浜で酒造業をしていた移入業の近江屋川嶌さん、三雑貨商木村さんの六軒です。

火災保険と言う制度が余り普及していない時代の、四十年間に四回もの罹災、祝融子たる者、「空前絶後」よくもまあ逃散などしなくて、復興したものと思います。

参考文献

下北民衆史略年表（江戸時代篇）　鳴海健太郎
下北現代史略年表（明治・大正篇）　鳴海健太郎
下北昭和史略年表　鳴海健太郎
むつ市史　田中　誠一
田名部町誌　笹澤　魯羊
東通村誌　笹澤　魯羊
下北地方史誌話　富岡　一郎
南部藩雑書第一巻から第二十四巻迄　盛岡市教委区委員会
むつ市文化財調査報告書第二十二集　むつ市教育委員会
修験道の歴史と旅　五来　重
青森県「歴史の道」調査報告書　青森県教育委員会
下北の宗教（未来社）　楠　正弘

みちのく叢書新撰陸奥國誌（三）　青森県文化財保護協会
奥州南部田名部目名村不動院　東通村教育委員会
原始曼筆風土年表上・下　青森県文化財保護協会

あとがき

大川橋

釜臥山、田名部川、町並み、古人、祭り、軌道馬車、これらが、年毎に懐かしさを増して来ます。父祖以来代々二百八十年、本町に住まわせて頂き乍ら、振り返ってみると、古里に就いて何も知らない事に気付きました。でも、若い頃から年輩の方から聞いたお話を大事な想い出として、古里に何か感懐と追憶の念が失われない前に、書置き度いと決心しました。

しかし、いざ書くとなると、無学愚才でどうにも筆がすすみませんでした。幸いにも、鳴海健太郎先生の『下北民衆史略年表（江戸時代篇）』・『下北現代史略年表（明治・大正篇）』・『下北昭和史略年表』、今は亡き田中誠一先生の『むつ市史』、笹澤魯羊氏の『田名部町誌』が大変参考になり、背中を押して下さいました。

御三方の先生には厚く御礼申し上げます。特に、鳴海先生の略年表には多大の恩恵を蒙りました。取り留めもない拙文ですが、一時、江戸と明治に想いを馳せて頂ければと思います。

又、友人の忠川島晋一さん、中村文男さんには、貴重な古文書資料と、助言を頂きました事を心から感謝申し上げます。

最後になりましたが、本書の刊行に当り、本文の忠実な町並み・古人居住図を復元作制して、附録として添付する事、又、校正等惜しみなく理解と協力を賜りました、協同印刷工業株式会社　専務取締役　杉山克也様には、不馴れな私の上梓には、まさに泥中の蓮でした。謝意を表します。

平成二十三年九月三十日

川 蔦 柳 三

軌道馬車そぞろ歩き

町と人、歴史をめぐる追憶の旅

2023年2月3日発行　　著　者　川嶌柳三
発行者　向田翔一

発行所　株式会社 22 世紀アート
〒103-0007
東京都中央区日本橋浜町 3-23-1-5F
電話　03-5941-9774
Email: info@22art.net　ホームページ：www.22art.net

発売元　株式会社日興企画
〒104-0032
東京都中央区八丁堀 4-11-10 第 2SS ビル 6F
電話　03-6262-8127
Email: support@nikko-kikaku.com
ホームページ：https://nikko-kikaku.com/

印刷
製本　株式会社 PUBFUN

ISBN：978-4-88877-149-8